Vente du Samedi 11 Avril 1863

TABLEAUX

ET

ÉTUDES D'APRÈS NATURE

Par N. DIAZ

EXPOSITION PUBLIQUE LE VENDREDI 10 AVRIL 1863

Mᵉ Ch. PILLET, Commissaire-Priseur

M. Francis PETIT, Expert

PARIS. IMPRIMERIE DE PILLET FILS AÎNÉ
5, RUE DES GRANDS-AUGUSTINS.

CATALOGUE

DE

TABLEAUX

ET

ÉTUDES D'APRÈS NATURE

PAR N. DIAZ

DONT LA VENTE AURA LIEU

HOTEL DROUOT, SALLE Nº 7

Le Samedi 11 Avril 1863

A TROIS HEURES PRÉCISES

Par le ministère de Mᵉ **CHARLES PILLET**, Commissaire-Priseur,
rue de Choiseul, 11,

Assisté de **M. FRANCIS PETIT**, Expert, 43, rue de Provence

Chez lesquels se distribue le présent Catalogue.

EXPOSITION PUBLIQUE

Le Vendredi 10 Avril 1863, de une heure à cinq heures.

CONDITIONS DE LA VENTE

Elle sera faite au comptant.

Les adjudicataires payeront *cinq pour cent* en sus des enchères, applicables aux frais.

Paris. — Imp. PILLET fils aîné, rue des Grands-Augustins, 5.

DÉSIGNATION

TABLEAUX

1 — Intérieur dans le bas Bréau.

2 — Allée dans le bas Bréau.

3 — Sous bois, près la mare aux Evées.

4 — Sous bois, dans le bas Bréau.

5 — Coupe de bois.

6 — La Mare.

7 — Lisière de bois.

8 — Bas Bréau.

9 — Chiens dans la forêt.

10 — Jeune Fille faisant du bois.

11 — La Gourmandise.

12 — Le Coucher de la mariée.

13 — Diane et Calisto.

14 — Ondine.

15 — Ève.

16 — Les Conseils de l'Amour.

17 — Souvenirs.

18 — Baigneuses.

19 — Les Mauvais Conseils.

20 — Les Rendez-vous au bord de l'étang.

21 — Le Conte de revenants.

22 — La Jeune Mère.

23 — Le Petit Fauconnier.

ÉTUDES D'APRÈS NATURE

24 — Plaine de Barbizon.

25 — Grès à la Reine-Blanche.

26 — La Sablière, à la Reine-Blanche.

27 — Etude de hêtre.

28 — Etude de chêne.

29 — Une Allée à la Reine-Blanche.

30 — Allée conduisant à la Reine-Blanche.

31 — La Sablière.

32 — Etude dans le bas Bréau.

33 — Etude dans les monts Girard.

34 — Etude de hêtre, à la Reine-Blanche.

35 — Etude de grès sous les pins, dans les gorges
     d'Apremont.

36 — Effet de soleil couchant.

37 — Etude près la roche, à Cabat.

38 — Etude de hêtre.